W9-AMR-172

Colette Samson

Alex et Zoé

à Paris

Cahier de lecture

CLE
INTERNATIONAL

Chapitre 1

© CLE International 2005 - ISBN : 978-2-09031665-0

Voir Alex et Zoé, niveau 1, unités 1-2-3

Bonjour les amis !

Voilà Zoé. Elle a huit ans.

Et voilà Alex. Il a sept ans. Il a un chat et un chien.

Elle, c'est Mamie. Elle a une perruche ; une perruche verte.

Lui, c'est Basile. Oui, c'est un chat ! Il a une tortue verte et un poisson... rouge.

Ça c'est Loulou. C'est un petit loup... Il a un hamster.

Lui, c'est Croquetout. Il n'a pas de chat, pas de chien, pas de perruche, pas de tortue, pas de poisson rouge, pas de hamster, mais il a un dragon : il s'appelle Rodolphe et il a trois ans.

Chapitre 1
Voir Alex et Zoé, niveau 1, unités 1-2-3

Activité 1

A. Colorie les mots dans lesquels tu entends [ʃ] :

| chat | chien | rouge | dragon | perruche | Rodolphe |

B. Colorie les mots dans lesquels tu entends [u] :

| Croquetout | loup | tortue | rouge | perruche | Loulou |

C. Colorie les mots dans lesquels tu entends [wa] :

| mais | voilà | amis | ans | poisson | oui |

Activité 2

Qui a quoi ? Relie les noms aux dessins !

Croquetout

Mamie

Alex

Basile

Loulou

Activité 3

Écris !

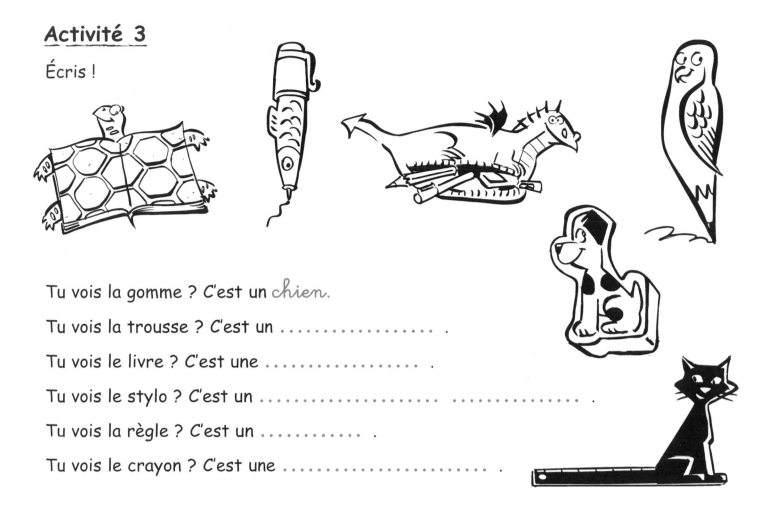

Tu vois la gomme ? C'est un *chien*.

Tu vois la trousse ? C'est un . . . .

Tu vois le livre ? C'est une . . . .

Tu vois le stylo ? C'est un . . . .

Tu vois la règle ? C'est un . . . .

Tu vois le crayon ? C'est une . . . .

Activité 4

Colorie !

une trousse rouge

un crayon jaune

une gomme bleue

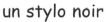

un stylo noir

un livre vert

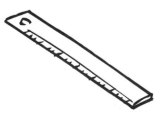

une règle blanche

Chapitre 2

Voir Alex et Zoé, niveau 1, unités 4-5-6

Les amis vont à Paris

Regardez : Basile prend sa guitare, son poisson rouge et sa tortue. Mais qu'est-ce qu'il veut faire à Paris avec son poisson rouge et sa tortue ?

Loulou prend son télescope, sa poupée et ses billes. Un télescope pour voir Paris... d'accord. Mais la poupée et les billes ? Pour jouer avec qui ? Avec les garçons et les filles de Paris ?

Alex prend sa trousse. Qu'est-ce qu'il y a dans sa trousse ? Des crayons ? Oui, et il y a aussi du chocolat !

Zoé prend ses rollers. À Paris, elle veut faire du roller sur... les Champs-Élysées[1].

Croquetout, lui, prend son vélo. Oh là là, il veut faire du vélo avec Zoé, sur les Champs-Élysées !

Mamie ? Elle prend son appareil photo. Elle veut faire des photos de Croquetout avec son vélo, de Zoé avec ses rollers, et aussi des photos d'Alex, de Basile, de Loulou et... des filles et des garçons de Paris !

---

1. les Champs-Elysées : la plus belle avenue de Paris, entre la place de la Concorde et l'Arc de Triomphe.

Activité 1

A. (Entoure) les mots dans lesquels tu entends [b] :

poisson – poupée – Basile – prend – bille - Paris

B. (Entoure) les mots dans lesquels tu entends [l] :

vélo – faire – trousse – Paris – Loulou - Alex

C. (Entoure) les mots dans lesquels tu entends [ã] :

poisson – prend – dans – crayon - Champs – garçon

Activité 2

Complète !

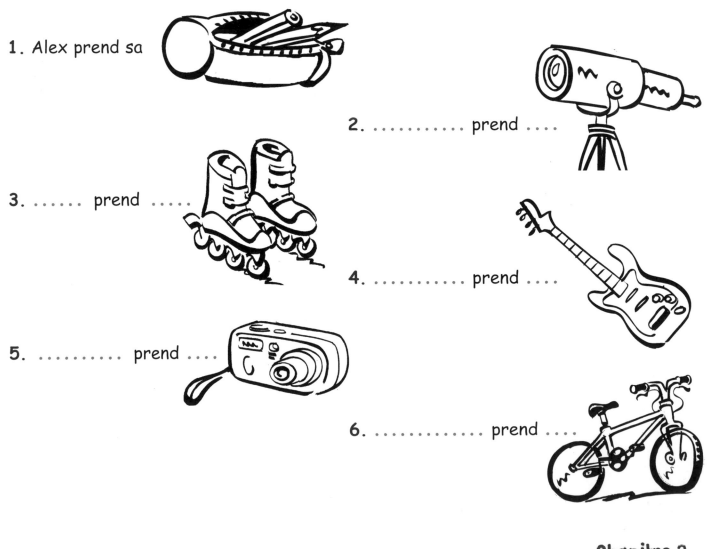

1. Alex prend sa

2. . . . . prend . . . .

3. . . . . . . prend . . . . .

4. . . . . prend . . . .

5. . . . . prend . . . .

6. . . . . prend . . . .

Activité 3

Écris les mots !

→

1   **2**   **3**   **4**   **5**

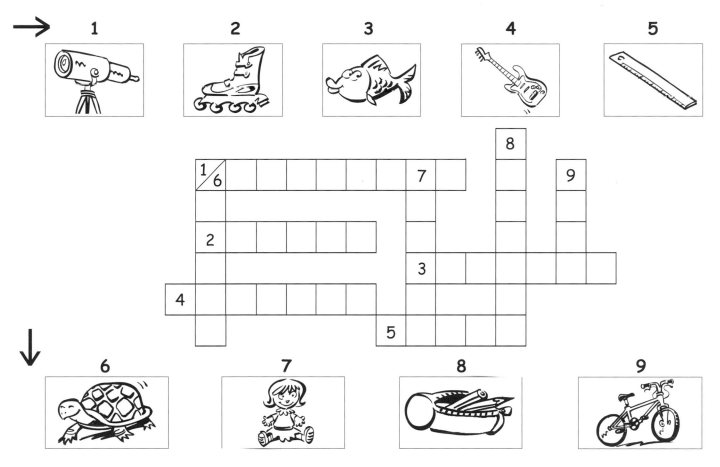

↓

6   **7**   **8**   **9**

Activité 4

Écris les trois phrases dans l'ordre !

1. | poisson rouge ? | faire | avec | Basile | veut | son | Qu'est-ce que |

2. | du roller | Zoé | À Paris, | faire | veut | les Champs-Élysées. | sur |

3. | pour | son | voir | veut | Paris. | Loulou | prendre | télescope |

1. ....

2. ....

3. ....

Chapitre 2
Voir Alex et Zoé, niveau 1, unités 4-5-6

Chapitre 3

Voir Alex et Zoé, niveau 1, unités 7-8

Sur la tour Eiffel

Les amis sont sur la tour Eiffel. Voilà le restaurant. Croquetout lit le menu : il y a du poisson et des frites, du poulet et de la salade, du fromage, des pommes, des bananes. Croquetout aime manger !

Alex dessine Paris de toutes les couleurs : bleu, rouge, blanc, jaune, vert, noir…

Zoé regarde en bas. Ce sont des fourmis[2] ? Mais non, ce sont des enfants ! Qu'est-ce qu'ils font ? Ils font du roller ; ils font du vélo ; ils jouent au ballon.

Basile écoute de la musique. Il écoute une chanson. C'est la chanson du pont d'Avignon : « Sur le pont d'Avignon, on y danse, on y danse. Sur le pont d'Avignon, on y danse tous en rond ! »

Mais Mamie chante : « Sur la tour Eiffel, on y danse, on y danse. Sur la tour Eiffel, on y danse tous en rond ! »

Loulou écoute la chanson et s'endort. Il rêve de la tour Eiffel. Dans son rêve, la tour Eiffel marche. Elle saute par-dessus le pont. Elle danse sur l'eau. Elle jongle avec les papillons. Elle joue au ballon avec les nuages[3]. Elle joue au tennis avec les étoiles. La tour Eiffel vole ! Et Loulou, dans son rêve, vole avec elle.

2. la fourmi :
3. le nuage :

Chapitre 3
Voir Alex et Zoé, niveau 1, unités 7-8

Activité 1

A. Souligne les mots dans lesquels tu entends [v] :

rêve – Eiffel – font – vert – fromage – vélo – vole - enfant

B. Souligne les mots dans lesquels tu entends [ɔ̃] :

restaurant – blanc – ballon – Avignon – rond – danse – jongle - papillon

C. Souligne les mots dans lesquels tu entends [e] :

elle – écoute – poulet – manger – étoile – rêve – vélo - vert

Activité 2

Regarde ! Quel est le menu du restaurant de la tour Eiffel ?

Menu A

Menu B

Menu C

Menu D

Chapitre 3
Voir Alex et Zoé, niveau 1, unités 7-8

Activité 3

Complète les phrases avec au, du ou de la !

1. Zoé fait .... roller.

2. Les enfants jouent .... ballon.

3. Basile écoute .... musique.

4. Alex joue .... tennis.

5. Croquetout fait .... vélo.

6. Loulou rêve .... tour Eiffel.

Activité 4

Écris les phrases !

La tour Eiffel ....   La tour ....

Elle ....   Elle ....

Chapitre 3
Voir Alex et Zoé, niveau 1, unités 7-8

Chapitre 4

Voir Alex et Zoé, niveau 1, unités 9-11-12

Au musée du Louvre

Aujourd'hui, c'est mercredi. Il est onze heures et les amis visitent le musée du Louvre.

Voilà une salle avec des statues[4]. Oh, cette statue n'a pas de bras ! En voilà une autre : elle n'a pas de tête ! Et lui, il n'a pas de jambes ! Zoé mime une statue : elle tourne la tête, saute sur un pied et lève un bras, comme ça.

Dans une autre salle, il y a le portrait[5] d'une dame : elle a une robe noire, verte et marron, des cheveux noirs, des yeux marron et elle sourit. Elle s'appelle Monna Lisa, la Joconde.

Il y a un Pierrot avec un chapeau marron, une veste blanche, un pantalon blanc, des chaussures blanches et rouges : c'est le Pierrot du carnaval !

Au musée du Louvre, il y a beaucoup d'autres portraits : une petite sorcière à la robe rose-orange ; un magicien avec un chapeau et un grand livre magique ; un clown au bonnet rouge avec une guitare ; un pirate au gilet gris, à la chemise blanche et aux bottes noires : il lui manque[6] un œil, il lui manque une main, il lui manque une jambe ; mais il sait très bien danser...

Alors, la nuit, au musée du Louvre, le pirate danse avec la Joconde. La petite sorcière danse avec le magicien. Le clown joue de la guitare et Pierrot chante. Les statues sautent d'un pied sur l'autre. C'est le bal au musée !

4. la statue :
5. le portrait :
6. il lui manque : il n'a pas de...

Activité 1

A. (Entoure) les mots dans lesquels tu entends [z] :

chemise – chanson – musique – dessine – onze – poisson – musée - visite

B. (Entoure) les mots dans lesquels tu entends [ø] :

couleur – bleu – sorcière – oeil – heure – mercredi - yeux - cheveux

C. (Entoure) les mots dans lesquels tu entends [j] :

bal - elle – fille – bille – ballon – oeil – yeux – lui

Activité 2

Complète !

La statue n'a pas de . . . .   La statue n'a pas de . . . .

La statue . . . .   La . . . .

Chapitre 4
Voir Alex et Zoé, niveau 1, unités 9-11-12

Activité 3

Relie les mots pour les portraits du Louvre !

des cheveux	blanc
une veste	rouges
un pantalon	noires
des chaussures	noirs
un gilet	blanche
des bottes	gris

Activité 4

Décris l'image !

Le Pierrot danse avec . . . .

. . . .

. . . .

Chapitre 5

 Voir Alex et Zoé, niveau 1, unités 10-13-14-15

Une maison magique à Paris ?

Vendredi matin : les amis sont dans un café. Ils prennent le petit déjeuner : du café, du lait, du chocolat, du jus d'orange, des tartines et des croissants. Croquetout mange quatorze croissants et boit six cafés au lait !

Il reste beaucoup de choses à visiter à Paris : Notre-Dame[7], l'Arc de triomphe[8], le Sacré-Cœur[9]...

Alex : On part visiter Paris à pied ?

Croquetout : Non, non, Paris à vélo, c'est mieux !

Zoé : Je veux aller sur les Champs-Élysées, jusqu'à l'Arc de triomphe. Aujourd'hui, on peut traverser Paris en roller !

Loulou : Moi, je préfère aller à Montmartre et au Sacré-Cœur. On prend le métro ? Paris en métro, c'est pratique !

Mamie : Mais en métro on ne voit rien ! Non, on prend le bus.

Basile : Non, moi je veux voir Notre-Dame et je voudrais prendre le bateau ! Du bateau-mouche, on voit tous les monuments.

Alex : J'ai une idée : on va au bois de Vincennes[10]. On peut tout faire, tout découvrir de Paris dans le bois de Vincennes ! Il y a un minigolf avec tous les monuments : l'Arc de triomphe, le Sacré-Cœur, Notre-Dame...

Il y a aussi un zoo avec des ours, des éléphants, des tigres, des lions, des singes et un aquarium avec des poissons, des crocodiles et des tortues. Dans le bois de Vincennes, on peut faire du vélo, du roller, du judo, du tennis, du football, du cheval... Dans le Parc floral[11], on peut jouer au ping-pong, nager dans la piscine à boules, et même conduire une voiture. On peut prendre aussi un petit train.

7. Notre-Dame : une église de Paris dans l'île de la Cité.
8. l'Arc de triomphe : un monument, en haut des Champs-Élysées.
9. le Sacré-Cœur : une église de Paris sur la butte Montmartre.
10. le bois de Vincennes : une forêt à l'est de Paris.
11. le Parc floral : un grand jardin dans le bois de Vincennes.

Il y a même une ferme dans le bois de Vincennes, avec des vaches, des ânes, des moutons, des canards et des poules : la "ferme de Paris" ! On peut donner à manger aux vaches et aux poules. On peut même apprendre à faire des confitures, du beurre et du pain ! D'accord ? On va au bois de Vincennes ?

Mais voilà deux touristes, Aladin et Alice. Aladin vient d'Egypte et Alice vient d'Angleterre et ils sont tous les deux un peu magiciens...

Aladin : Bonjour ! Comment ça va ? Je m'appelle Aladin et voici Alice. Vous savez, à Paris il y a une maison magique !

Alice : Oui, c'est une maison avec du chocolat dans les chambres, de la confiture dans la salle de bains, des bonbons[12] dans la cuisine et des gâteaux dans la salle de séjour !

Tous : Miam ! D'accord, on y va ! Et voilà tous les amis partis...

Tu veux savoir où est cette maison à Paris ? Chut ! C'est un secret[13]...

Activité 1

Relis le texte et souligne l'intrus dans chaque phrase !

A. Au petit déjeuner, les amis prennent du café, du lait, du chocolat, du jus de pomme, des tartines et des croissants.

B. Il reste à visiter Notre-Dame, la tour Eiffel et le Sacré-Cœur.

C. Zoé veut aller sur les Champs-Élysées, jusqu'au musée du Louvre.

D. Basile voudrait prendre le métro pour aller voir Notre-Dame.

E. Dans le bois de Vincennes, il y a un aquarium avec des moutons, des crocodiles et des tortues.

F. A la "ferme de Paris", on peut donner à manger aux vaches et aux ours.

12. des bonbons :
13. un secret : qui doit rester caché.

Activité 2

Ecris les mots trouvés dans le texte !

1. Cinq sports : . . . . , ... , ... , ... , ...

2. Quatre animaux de la ferme : . . . . , ... , ... , ...

3. Trois animaux du zoo : . . . . , ... , ...

4. Deux animaux d'aquarium : . . . . , ...

5. Un monument de Paris : . . . .

Activité 3

Relie le début et la fin de chaque phrase !

Au café, ▶   ◀ on peut nager dans une piscine à boules.

Dans le zoo de Vincennes, ▶   ◀ on peut apprendre à faire du pain.

Dans le Parc floral, ▶   ◀ il y a des ours, des tigres et des singes.

A la "ferme de Paris", ▶   ◀ il y a du chocolat et des bonbons.

Dans la maison magique, ▶   ◀ on peut prendre un petit déjeuner.

Ecris les cinq phrases !

1. . . . .

2. . . . .

3. . . . .

4. . . . .

5. . . . .

Corrigés des activités

Chapitre 1

Activité 1 : A. [ʃ] : chat - chien - perruche. - B. [u] : Croquetout - loup - rouge - Loulou. - C. [wa] : voilà - poisson.

Activité 3 : (...) Tu vois la trousse ? C'est un dragon. - Tu vois le livre ? C'est une tortue. - Tu vois la règle ? C'est un chat. - Tu vois le crayon ? C'est un stylo ? C'est un poisson rouge. - Tu vois le chat ? C'est une perruche.

Chapitre 2

Activité 1 : A. [b] : Basile - bille. - B. [l] : vélo - Loulou - Alex. - C. [ɑ̃] : prend - dans - Champs.

Activité 2 : 1. Alex prend sa trousse. - 2. Loulou prend son télescope. - 3. Zoé prend ses rollers. - 4. Basile prend sa guitare. - 5. Mamie prend son appareil photo. - 6. Croquetout prend son vélo.

Activité 3 : 1 = télescope 2 = roller 3 = poisson 4 = guitare 5 = règle 6 = tortue 7 = poupée 8 = trousse 9 = vélo

Activité 4 : 1. Qu'est-ce que Basile veut faire avec son poisson rouge ? (ou Qu'est-ce que veut faire Basile avec...) - 2. Zoé veut faire du roller sur les Champs-Élysées. - 3. Loulou veut prendre son télescope pour voir Paris.

Chapitre 3

Activité 1 : A. [v] : rêve - vert - vélo - vole. - B. [ʒ] : ballon - Avignon - rond - jongle - papillon. - C. [e] : écoute - manger - étoile - vélo.

Activité 2 : Le menu du restaurant de la tour Eiffel est le menu C.

Activité 3 : 1. Zoé fait du roller. - 2. Les enfants jouent au ballon. - 3. Basile écoute de la musique. - 4. Alex joue au tennis. - 5. Croquetout fait du vélo. - 6. Loulou rêve de la tour Eiffel.

Activité 4 : 1. La tour Eiffel marche. - 2. La tour Eiffel vole. - 3. Elle saute par-dessus un pont - 4. Elle joue au tennis avec les étoiles.

Chapitre 4

Activité 1 : A. [z] : chemise - musique - onze - musée - visite. - B. [ø] : bleu - yeux - cheveux. - C. [j] : fille - bille - œil - yeux.

Activité 2 : 1. La statue n'a pas de tête. - 2. La statue n'a pas de bras. - 3. La statue n'a pas de jambes. - 4. La statue n'a pas de nez.

Activité 3 : des cheveux noirs - une veste blanche - un pantalon blanc - des chaussures rouges - un gilet gris - des bottes noires.

Activité 4 : Le Pierrot danse avec la Joconde. La sorcière danse avec le clown. Le pirate joue de la guitare et le magicien chante.

Chapitre 5

Activité 1 : Intrus : A = du jus de pomme (→ du jus d'orange). - B = la tour Eiffel (→ l'Arc de triomphe). - C = jusqu'au musée du Louvre (→ jusqu'à l'Arc de triomphe). - D = le métro (→ le bateau). - E = des moutons (→ des poissons). - F = aux ours (→ aux poules).

Activité 2 : 1. Sports : le vélo, le roller, le judo, le tennis, le football, le cheval, etc. - 2. Animaux de la ferme : la vache, l'âne, le mouton, le canard, la poule, etc. - 3. Animaux du zoo : l'ours, l'éléphant, le tigre, le lion, le singe, etc. - 4. Animaux d'aquarium : le poisson, la tortue, etc. 5. Monuments de Paris : l'Arc de Triomphe, le Sacré-Cœur, Notre-Dame, etc.

Activité 3 : 1. Au café, on peut prendre un petit déjeuner. - 2. Dans le zoo de Vincennes, il y a des ours, des tigres et des singes. - 3. Dans le Parc floral, on peut nager dans la piscine à boules. - 4. À la "ferme de Paris", on peut apprendre à faire du pain. - 5. Dans la maison magique, il y a du chocolat et des bonbons.

Vocabulaire (par ordre alphabétique)

- La page où le mot apparaît pour la première fois est indiquée entre parenthèses.
- Les adjectifs sont suivis de leur terminaison au féminin.
- Les noms employés plutôt au « partitif » (du lait, etc.) sont précédés de l'article défini.

à	(p. 7)	le carnaval	(p. 15)	un éléphant	(p. 19)
(d)'accord	(p. 7)	ça, ce	(p. 3)	elle(s)	(p. 3)
aimer	(p. 11)	ce (cette)	(p. 15)	s'endormir	(p. 11)
aller	(p. 7)	une chambre	(p. 20)	un enfant	(p. 11)
un ami	(p. 3)	une chanson	(p. 11)	et	(p. 3)
un an	(p. 3)	chanter	(p. 11)	une étoile	(p. 11)
un âne	(p. 20)	un chapeau	(p. 15)	être (c'est)	(p. 3)
l'Angleterre	(p. 20)	les Champs-Élysées	(p. 7)	faire	(p. 7)
un appareil photo	(p. 7)	un chat	(p. 3)	une ferme	(p. 20)
s'appeler	(p. 3)	une chaussure	(p. 15)	une fille	(p. 7)
apprendre	(p. 20)	une chemise	(p. 15)	le football	(p. 19)
un aquarium	(p. 19)	un cheval	(p. 19)	une fourmi	(p. 11)
l'Arc de triomphe	(p. 19)	des cheveux	(p. 15)	une frite	(p. 11)
aujourd'hui	(p. 15)	un chien	(p. 3)	un fromage	(p. 11)
aussi	(p. 4)	le chocolat	(p. 7)	un garçon	(p. 7)
autre	(p. 15)	une chose	(p. 19)	un gâteau	(p. 20)
avec	(p. 7)	chut !	(p. 19)	une gomme	(p. 5)
avoir	(p. 3)	un clown	(p. 15)	un gilet	(p. 15)
un bal	(p. 15)	comme	(p. 15)	grand(e)	(p. 15)
un ballon	(p. 11)	comment ?	(p. 20)	gris(e)	(p. 15)
une banane	(p. 11)	conduire	(p. 19)	une guitare	(p. 7)
(en) bas	(p. 11)	la confiture	(p. 20)	un hamster	(p. 3)
un bateau	(p. 19)	une couleur	(p. 11)	une heure	(p. 15)
un bateau-mouche	(p. 19)	un crayon	(p. 5)	huit	(p. 3)
beaucoup	(p. 15)	un crocodile	(p. 19)	une idée	(p. 19)
le beurre	(p. 20)	un croissant	(p. 19)	il(s)	(p. 3)
bien	(p. 15)	une cuisine	(p. 20)	il y a	(p. 7)
une bille	(p. 7)	une dame	(p. 15)	une jambe	(p. 15)
blanc(he)	(p. 11)	dans	(p. 7)	jaune	(p. 11)
bleu(e)	(p. 11)	danser	(p. 11)	la Joconde	(p. 15)
boire	(p. 19)	de	(p. 7)	jongler	(p. 11)
le bois de Vincennes	(p. 19)	des	(p. 7)	jouer	(p. 7)
un bonbon	(p. 20)	découvrir	(p. 19)	le judo	(p. 19)
bonjour	(p. 3)	dessiner	(p. 11)	un jus d'orange	(p. 19)
un bonnet	(p. 15)	deux	(p. 20)	jusqu'à	(p. 19)
une botte	(p. 15)	donner	(p. 20)	le lait	(p. 19)
une boule	(p. 19)	un dragon	(p. 3)	le, la (les)	(p. 5)
un bras	(p. 15)	du, de la (des)	(p. 11)	lever	(p. 15)
un bus	(p. 19)	l'eau	(p. 11)	un lion	(p. 19)
un café	(p. 19)	écouter	(p. 11)	lire	(p. 11)
un canard	(p. 20)	l'Égypte	(p. 20)	un livre	(p. 5)

Édition : Martine Ollivier
Illustrations : Jean-Claude Bauer, Isabelle Rifaux
Mise en page : Planète Publicité
N° d'éditeur : 10157405
Dépôt légal : Janvier 2009
Imprimé en France par France Quercy